UN JUGE-DE-PAIX SOCIALISTE,

RÉVOQUÉ,

A SES CONCITOYENS.

1re PARTIE. — Appel à mes Concitoyens.

2me PARTIE. — Ma lettre à M. le Procureur de la République.

3me PARTIE. — Mes idées sur le Socialisme.

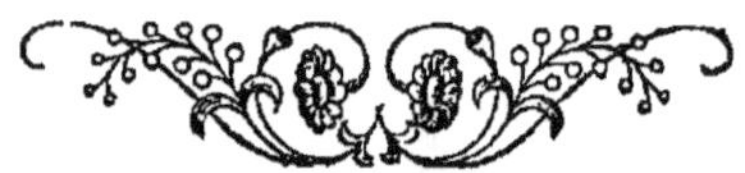

ORLÉANS,

IMPRIMERIE DE PAGNERRE.

—

1849.

APPEL A MES CONCITOYENS.

Mes chers concitoyens,

La mesure politique qui me frappe me fait rentrer en moi-
même...... Ma conscience me répond que j'ai suivi le chemin du
devoir, et, à cette voix, je m'honore de ma révocation.

Après ce témoignage de ma conscience, ce que j'ai de plus cher
au monde, c'est l'estime de mes concitoyens (j'entends des hommes de bonne foi), et je sais bien que cette mesure ne m'en en-
lèvera rien.

Cependant dans ces malheureux temps de mensonges et d'hy-
pocrisie, je crois utile de combattre les sourdes calomnies dont je
suis l'objet, en exposant à mes amis mes principes et mes actes.

En mars 1848 j'étais dénoncé par des soi-disant républicains de
la veille; en mai 1849 par des réactionnaires (qui sait, peut-
être par les mêmes individus, sous cette double face?), et, peu
disposé à faire des courbettes dans les antichambres du pouvoir,
me voilà deux fois frappé en sens contraire.

En mars 1848 je dus réclamer et j'obtins ma réinstallation;
parce que je souffrais d'être ainsi méconnu et frappé à faux, moi
qui, depuis long-temps socialiste, avais accueilli avec enthousiasme la proclamation de la République comme la forme de gouvernement la seule légitime et la plus propre à obtenir les institutions vraiment fraternelles et démocratiques.

Mais, aujourd'hui que je suis frappé comme *démocrate-socia-
liste*, je suis loin de réclamer; car, de cette fois, on ne s'est pas
trompé, et je le suis du fond du cœur.

« Comment, me diront quelques-uns, vous voulez donc le
« désordre, le renversement de la société, de la religion, de la
« propriété, de la famille !!... »

Mensonge, mensonge, mensonge! Combien faut-il répéter de
fois *mensonge* à toutes ces imputations inventées par les écrivains
stipendiés de la presse réactionnaire? Avant d'injurier ainsi en
masse les idées socialistes, donnez-vous donc la peine de les
étudier, et vous verrez tout ce qu'elles contiennent d'aspirations
vers la vérité, l'ordre, la justice, l'amour et la fraternité, et,
quand même il se serait glissé sous le même nom de *socialistes*
quelques autres idées fausses, ne faut-il pas distinguer au lieu de
condamner en masse? Supposons qu'auprès du lit d'un malade un
médecin présente un mauvais médicament et que dix autres pré-
sentent des secours salutaires, ne distinguerez-vous pas entre le
premier et les dix autres au lieu de les repousser tous en masse
comme dangereux, en laissant aggraver, jusqu'à ce qu'il soit dés-
espéré, l'état du malade? Or, tous ceux qui ont étudié, depuis
dix ans et plus, les améliorations désirables sont des *socialistes;*
on peut soumettre les remèdes qu'ils proposent à des examens et
distinctions; mais on devrait, en tout cas, leur savoir gré du but
philanthropique de leurs travaux, au lieu de les injurier et persé-
cuter, d'autant plus que de jour en jour on accepte ou on prend
quelques-unes de leurs idées.

J'exposerai plus loin ma profession de foi socialiste, et dès à
présent, ai-je besoin d'affirmer que je désire autant que qui que
ce soit le maintien de l'ordre, et c'est pour cela que je suis socialiste; car je désirerais voir ajouter aux mesures de force et de
compression les mesures de prévoyance sociale; je désire le maintien de la société, en la perfectionnant et l'améliorant graduellement et pacifiquement par des institutions fraternelles, et c'est
pour cela que je suis socialiste; je professe le respect de toutes
les diverses croyances, soit reli gieuses, soit philosophiques, et je
désire pour toutes la tolérance et la liberté d'examen et de bien-
veillante discussion; enfin j'ai le respect de la propriété et l'amour
de la famille que, loin de détruire, je voudrais voir accessibles
à tous les enfans de Dieu.

Quant à mes actes et aux circonstances électorales, j'étais averti (non officiellement, mais par hasard) dès le moment des élections que j'étais l'objet de dénonciations; je les méprisais. Cependant M. le procureur de la République m'invita dès le commencement de juin à lui donner sans retard, par écrit, des détails et explications sur ma conduite, et, bien décidé à ne point faire le sacrifice de ma conscience ni de mes principes dans des intérêts particuliers, je rédigeai à la hâte la lettre ci-après. J'y entre dans les plus minutieux détails, parce que je ne savais ce dont j'étais accusé, puisqu'on ne m'a rien communiqué; seulement quelqu'un digne de foi m'avait dit savoir de bonne source que les dénonciateurs m'avaient prêté des extravagances, par exemple : « que « j'aurais conduit M. Cantagrel dans la forêt; que là les ouvriers « nous auraient portés en triomphe sur des brancards, etc., etc. »

Oh! honnêtes et modérés!! modérés et honnêtes!!

Pourquoi ne pas m'avoir mis en présence des dénonciations et des dénonciateurs? Mais si après m'être acquitté pendant cinq ans avec exactitude de mes fonctions je suis frappé seulement pour avoir rempli mes devoirs de citoyen avec indépendance et selon l'esprit de notre constitution, je proteste contre l'iniquité d'une telle mesure, et j'en appelle à mes concitoyens.

Au surplus, je ne m'adresse point à ceux qui, par passion ou par intérêt, ne veulent pas connaître la vérité; car il n'est pire sourd que celui qui ne veut pas entendre; point à ces hommes attentifs à conserver ou acquérir des places commodes sur le vaisseau, sans se soucier du salut des passagers; point à ces hommes sans foi et sans principes qui, vivant de mensonges, craignent avant tout que la vérité ne se fasse jour; qui ne croient ni à la vertu ni au dévoûment; qui n'ont d'autre mobile que celui des intérêts particuliers et ne croient pas qu'on puisse en avoir d'autres; pour qui les mots *Liberté*, *Egalité*, *Fraternité* sont vides de sens ou sujet de dérision; prompts d'ailleurs à changer suivant les temps, les lieux et les personnes, de figures, d'attitudes et d'opinions; non, ce n'est point à ces hommes que je m'adresse.

Mais je m'adresse à ceux qui aiment la vérité et qui la cherchent de bonne foi; je m'adresse surtout à ceux qui ont soif de justice et d'amour; qui croient que tous les hommes étant tous frères, tous fils de Dieu, ont pour premier devoir de s'éclairer, de s'aimer, de se pardonner, de s'entr'aider au lieu de se tromper, de s'asservir, de se haïr et de se trahir ; à ceux surtout qui aspirent après le développement de notre dogme républicain : *Liberté, Egalité, Fraternité*. C'est à eux que je demande estime et amitié, c'est avec eux que je m'unis de désirs et d'espérances. Oui, ayons bonne confiance, mes chers concitoyens, la marche de l'humanité vers le progrès est irrésistible ; ayons de la résignation et de la patience ; ce qui ne profite pas à une génération profite à celle qui la suit, car le temps est nécessaire pour mûrir les institutions comme pour mûrir les productions de la terre ; mais soyons attachés fermement à la République démocratique, car cette forme de gouvernement, la seule fondée en droit, est aussi en fait celle qui peut faire espérer le plus promptement et le plus complètement la diffusion des lumières, l'instruction et l'éducation des enfans du peuple et l'éducation politique du peuple ; or, les lumières mènent au triomphe de la vérité, le triomphe de la vérité mène au triomphe de la justice et la justice conduit à la Fraternité.

Voilà l'idéal de mes espérances et le plus ardent de mes désirs.

Vive la République démocratique !

A vous de tout cœur.

HOUDIN,

Ex-juge-de-paix du canton de Marchenoir.

St-Léonard près Marchenoir, ce 10 août 1849.

MA LETTRE

A M. LE PROCUREUR DE LA RÉPUBLIQUE.

St–Léonard près Marchenoir, le 4 juin 1849.

MONSIEUR LE PROCUREUR DE LA RÉPUBLIQUE,

D'après l'avis que vous avez bien voulu me donner, ma conduite politique serait incriminée, et vous m'invitez à vous donner par écrit, à cet égard, tous les détails circonstanciés. Je le fais avec plaisir, M. le Procureur de la République, et je vais vous donner sur ma conduite et mes opinions politiques les plus grands détails avec la même franchise et la même indépendance que j'ai toujours mises dans leur manifestation.

En contact depuis mon enfance avec les classes indigentes, j'ai été journellement le témoin, et souvent le confident, des extrémités auxquelles mille familles se trouvaient réduites, soit par l'usure, soit par le chômage, soit par la maladie, soit par la perte du chef ou par sa mauvaise conduite ou même seulement par son impéritie dans les affaires, et j'ai souvent réfléchi que bien des défauts, auxquels on attribue aussi une partie de ces misères, ne venaient le plus souvent que d'absence complète d'instruction, d'éducation et de direction.

Cependant, si l'Évangile renferme le Verbe divin, si les hommes sont frères, si d'ailleurs la solidarité entre tous est un fait palpable aux conséquences duquel on ne puisse échapper, la maxime du *chacun chez soi, chacun pour soi* est donc à la fois impie et insensée ; il ne suffit pas de désirer l'ordre, il faut en comprendre les conditions ; la société doit donc avoir pour tous une sollicitude maternelle ; il faut donc chercher le moyen d'élever et diriger l'enfance, d'assurer à tous les enfans le développement de toutes les facultés qu'ils tiennent du créateur, et de procurer à tous les valides du travail, aux invalides des secours, à tous le bien-être.

Et chercher ce moyen, le chercher avec constance et comme une solution plus importante que toutes les autres, c'est être socia-cialiste; les crèches, les salles d'asile, les sociétés de patronage et de secours mutuels, les colonies agricoles, les hospices et autres établissemens du même genre sont des établissemens socialistes; mais jusqu'ici ce ne sont que de faibles palliatifs, malheureuse-ment bien insuffisans.

Depuis 18 ans l'école sociétaire phalanstérienne indique pour résoudre ce formidable problème un plan complet d'organisation par association facultative et volontaire de travail agricole et industriel à essayer en petit; de plus elle indique à la société, sous le nom de garantisme ou prévoyance sociale, des mesures générales transitoires, dont beaucoup sont déjà appliquées ou acceptées par la généralité des esprits. Supposons que dans ces idées il y en eût d'incomplètes ou d'erronées, je ne me suis jamais expliqué, en présence de leur immense intérêt, comment, par des discussions sérieuses (au lieu de dédains, injures ou sarcasmes) et par des expérimentations, on ne cherchait pas, dans l'intérêt général de la société, à reconnaître ce qu'il y avait de praticable et de fondé soit dans ce système, soit dans tout autre qui résoudrait mieux le problème posé, c'est-à-dire assurer à chacun l'éducation intégrale, le travail et le bien-être.

Je regrette la longueur de ces prémisses, mais elles étaient in-dispensables pour vous faire apprécier, M. le Procureur de la République, le mobile et la conséquence de tous mes actes.

Elles expliquent :

Comment je suis abonné et lecteur assidu de la *Démocratie pacifique* et du *Crédit*;

Comment je suis depuis plusieurs années au nombre des sou-scripteurs à la rente de l'école phalanstérienne;

Comment je n'ai cessé depuis plus de six ans de propager et dé-fendre publiquement les idées et les tendances socialistes, parti-culièrement de manifester le désir de voir soumettre à des dis-cussions sérieuses et à l'expérimentation en petit le système de l'association agricole et industrielle;

Comment, lorsque survint la terrible collision du 24 février, je vis avec enthousiasme préférer à une régence la forme républicaine, la seule d'ailleurs dès lors possible en France, qui ouvrait, au lieu de la tenir fermée, l'ère des progrès;

Comment, lorsque le commissaire du gouvernement me demanda mon acquiescement à la République, le 1er mars, je ne voulus pas me borner à cet acquiescement banal que s'empresse de donner le flatteur de tout pouvoir nouveau, mais je le motivai sur mes sympathies pour les idées de l'école sociétaire phalanstérienne;

Comment la suspension prononcée contre moi le 14 mars par le commissaire du gouvernement semblait inexplicable, si l'on n'eût appris bientôt par quelle misérable intrigue personnelle, dans la confusion du moment, avait été trompé le commissaire du gouvernement, qui ne tarda pas à reconnaître l'erreur dans laquelle il avait été induit, et proposa lui-même ma réintégration;

Comment M. Victor Considérant, dont j'avais eu l'honneur de faire connaissance à un banquet phalanstérien à Orléans, en avril 1847, fut à même d'attester que cette suspension était un contre-sens politique;

Comment, lors de l'enquête sur le travail agricole et industriel, à laquelle il a été procédé dans notre canton, sous ma présidence, en juillet, août et septembre 1848, appelé à donner mon avis officiel sur des questions socialistes, j'ai loyalement et sincèrement exposé mes idées, auxquelles j'ai joint mes vœux pour que l'on travaillât promptement et immédiatement à l'instruction politique des électeurs, le tout constaté par le double procès-verbal que j'ai remis personnellement à M. le Préfet;

Comment enfin M. Cantagrel, *quoique je le visse pour la première fois*, lorsqu'il passa le 29 avril à St-Léonard, put descendre chez moi comme chez un ami.

On m'aura fait un crime de cette journée; je vais en donner tous les détails.

Il allait ce jour-là de Vendôme à Beaugency; il mit pied à terre chez moi à midi, partagea mon déjeûner, ensuite fit à la mairie de St-Léonard, en présence du maire, l'exposé de sa profession de foi politique et de son système de crédit foncier; immédiatement après je l'accompagnai jusqu'à Josnes, chez mon beau-frère, où nous étions invités à dîner, et là, encore à la mairie, et en présence du maire, il renouvela son exposé, et après dîner, nous quitta pour aller concher à Beaugency et ne revint pas dans notre canton. J'ajouterai que moi-même j'ai souvent dit aux personnes que j'ai cru capables de le comprendre, que je croyais à l'utilité d'une réforme hypothécaire et d'institution de crédit ; je l'ai dit parce qu'il m'a semblé que là pouvait immédiatement être pour mon pays la planche de salut.

Depuis plusieurs années je suis connu comme *socialiste*, c'est-à-dire préoccupé des améliorations sociales ; est-ce ma faute si depuis un an on a amassé autour de ce mot si vague tant de confusion, d'erreurs, d'injures et de passions ?

Parce que M. Cantagrel avait mis pied à terre chez moi, que d'imputations injurieuses et absurdes ! Plus ces accusations étaient violentes, perfides et multipliées, plus mon beau-frère et moi avons cru de notre honneur et de notre devoir de maintenir hautement notre communion de principes politiques avec M. Cantagrel, pensant qu'aux yeux des hommes de sens, nos caractères, nos antécédens et notre position de fortune réfutaient plus haut que tout le reste de pareilles absurdités.

Voilà le concours que j'ai prêté à M. Cantagrel et comment j'y ai été amené.

Maintenant me reprochera-t-on mon concours aux réunions électorales de notre commune, mes discours à ces conférences et d'avoir été au nombre des délégués chargés de représenter notre commune dans les comités républicains de Blois ?

J'ai cédé à la voix irrésistible de ma conscience en présence des dangers intérieurs et extérieurs dont j'ai cru la patrie menacée. — Quand j'ai vu sous mes yeux, faute d'instruction, se propager et s'accréditer les plus grossiers mensonges contre tous les républicains et contre la République ; que des esprits prévenus, sous la seule préoccupation des intérêts présens, ne comprenaient ni le passé ni l'avenir ; quand j'ai vu que toutes les souffrances, au lieu d'être attribuées à la révolution étaient attribuées à la République ; qu'on disait hautement que tout le monde était d'accord pour la renverser ; qu'on regardait même comme très-compromettant d'avoir la hardiesse de s'avouer républicain, alors j'ai cru que les idées qui chez moi étaient le résultat de vingt ans d'études politiques ne m'appartenaient pas exclusivement; que c'était un devoir impérieux pour les citoyens de s'éclairer mutuellement, et avec le concours de l'autorité municipale, nous avons formé des réunions et conférences électorales trois semaines avant les élections et trois fois par semaine à la mairie, dans notre commune de Saint-Léonard.

Là j'ai fait en 1849 ce que j'avais fait en 1848, avant, pendant et après ma suspension, au banquet communal de mars 1848, à la plantation de l'arbre de la liberté, aux réunions électorales de 1848, à la lecture de la Constitution, etc., etc., J'AI DÉFENDU LA RÉPUBLIQUE, j'ai exposé les raisons d'ordre, de liberté et de justice qui militaient en faveur de la forme républicaine et le danger de rêver un retour à la forme monarchique.

S'il est utile, je rappellerai tout ce que j'ai dit à ces réunions :

J'ai exposé « que si l'on tentait de relever la monarchie en « France, ce serait aussi insensé que de replanter un vieil arbre « vermoulu et abattu par l'orage; que les momens de transition « étaient des momens de souffrance ;

« Que nous étions dans la position de jeunes majeurs inexpé— « rimentés qui apprennent à leurs dépens à faire leurs affaires; « mais qu'il fallait de la patience; que c'était surtout l'instruction « qui manquait et qu'elle allait faire des progrès rapides;

« Que la devise républicaine nous indiquait la Fraternité comme « but; que le bonheur ne serait trouvé pour tous que dans ce « sentiment; mais que les idées de réformes et de progrès étaient « nécessairement, comme toutes les idées humaines, mêlées de « vérités et d'erreurs;

« Que la discussion et l'expérience feraient reconnaître ce qui « serait bon ;

« Qu'il fallait surtout se prémunir contre les espérances déce— « vantes qui ne tiennent pas compte du temps ;

« Que par une loi divine de la solidarité humaine, c'était sur— « tout la génération à venir qui recueillerait le fruit des améliora— « tions, comme nous avons bénéficié des travaux de nos pères et « comme nous cueillons les fruits des arbres par eux plantés;

« Qu'enfin il fallait, dans tous les cas, se soumettre aux déci-
« sions de la majorité; que les lois, faites par tous, avaient plus
« que jamais droit au respect de tous, et que *l'ordre*, *le temps*, *la*
« *science* et l'esprit de *concorde* pouvaient seuls amener le bien. »
Voilà le thème de toutes nos conférences.

Quant aux personnes, quant aux candidats, on s'en est peu
occupé. C'est aux principes, avons-nous dit, qu'il faut s'attacher :
la République démocratique, voilà la forme; la justice et la fraternité, voilà le but; cherchons les candidats en vue des principes
et ne nous passionnons point pour ou contre des noms.

On ne s'est occupé des candidats absolument que dans la séance
du 3 mai. Nous avions reçu avis que deux comités républicains
formés à Blois convoquaient des délégués de toutes les communes
pour arrêter le 5 les listes provisoires ; toute la commune a été
convoquée ; on s'est réuni, plusieurs électeurs ont fait des obser-
vations sur les candidats, on a généralement exprimé l'avis de
chercher ceux qui présenteraient le plus de garanties pour soutenir
avec énergie et dévoûment la forme républicaine et le suffrage
universel ; on est tombé d'accord sur trois noms, puis sur deux à
prendre dans trois, et on a procédé à l'élection, au scrutin se-
cret, de quatre délégués pour représenter aux deux comités républicains de Blois l'opinion de notre commune.

Ont été nommés un propriétaire-cultivateur, un maître tuilier,
un ouvrier et moi, et je n'ai pas cru plus que les autres citoyens
devoir refuser cette mission.

Nous sommes partis le 5 et devions revenir le soir; mais le premier comité qui tenait séance à trois heures a refusé notre admis-
sion, si nous ne nous interdisions la faculté de nous présenter au
deuxième. C'eût été manquer à notre mandat que d'accepter cette
condition.

Le deuxième comité, au lieu de faire l'élection annoncée pour le
5 la renvoya au lendemain 6, à la suite d'un banquet qui devait
avoir lieu, et nous nous décidâmes à ne pas revenir sans avoir
rempli notre mission ; nous avons donc assisté au banquet, et le
soir nous avons pris part au vote.

Entre cette opération et les élections définitives du 13 mai, on
ne s'est plus occupé à notre conférence que de l'étude de la Consti-

tution et de la loi électorale, et des droits et des devoirs des électeurs qui avaient été déjà dans notre canton, particulièrement aux élections du conseil général, le jouet de manœuvres scandaleuses.

J'ai expliqué les principes « que partout les citoyens pouvaient « et devaient demander et donner des conseils motivés, s'habituer « à raisonner et examiner par eux-mêmes pour bien voter comme « des hommes libres et judicieux ; mais jamais imposer ni se « laisser imposer d'influences d'intérêts, ni de créancier à débi- « teur, ni de propriétaire à fermier, etc.; qu'à plus forte raison « ceux qui en vue d'un vote payaient ou acceptaient à boire fai- « saient une action indigne. » J'ai donné lecture et explication des dispositions pénales de la loi électorale. Enfin j'ai rappelé toujours le respect pour les décisions de la majorité.

Voilà tous les détails et les motifs de mes opinions et de ma conduite.

Pourquoi, moi qui au su de tous mes concitoyens me suis toujours tenu si loin des manœuvres électorales, ai-je hautement fait conconnaître mon vote et en ai-je publiquement déduit les motifs en mai 1849, comme je l'avais fait en avril 1848 ?

Vous le comprendrez, M. le Procureur de la République, c'est que la République me semblait menacée ; c'est qu'il est dans la vie des nations des momens de crise solennelle où le devoir impérieux du citoyen domine toute autre considération, et j'ai la conscience d'avoir obéi à ce devoir.

Ne sachant sur quels points ma conduite ou mes discours pouvaient être incriminés, j'ai voulu en expliquer tous les détails. Je remarque maintenant la longueur excessive de ma lettre ; je voudrais la refaire plus brève et ne le puis, empêché par des dérangemens d'affaires et le désir de ne pas retarder l'envoi de ma lettre.

Agréez, M. le Procureur de la République, mes respectueuses salutations.

Signé HOUDIN,
Juge-de-paix du canton de Marchenoir.

MES IDÉES SUR LE SOCIALISME.

Tous les anti-socialistes, disciples de Malthus, combattaient il y a quelques années avec inhumanité le principe de la charité sociale. Appuyés sur leur fameuse maxime *chacun pour soi, chacun chez soi*, ils soutenaient que les hommes ne devaient point s'occuper les uns des autres. « Tant pis, disaient-ils, pour ceux « qui meurent de faim, c'est qu'il n'y a pas de place pour eux au « banquet de la vie. »

D'un autre côté, appuyés sur cette autre maxime : *laissez faire, laissez passer*, ils voulaient que l'État, se bornant au rôle de gendarme, aux mesures de répression et de compression, restât indifférent aux chômages des travaux et de l'industrie, aux misères et aux misérables et préconisaient l'inaction et l'incurie des gouvernans.

Pendant ce temps, les socialistes, au contraire, prenaient dans leurs journaux et leurs écrits la défense et ont amené le triomphe des principes proclamés par l'Évangile, par les Fénelon, les saint Vincent-de-Paule, etc., du principe de la Fraternité et de la Charité sociale, qui est le même après tout que le principe du socialisme. Oui, ce principe a triomphé, car il est déposé en germe dans notre constitution républicaine. (Voir le préambule et l'article 13.)

Quant à la fameuse question du *droit au travail*, je crois qu'il y a eu malentendu, et je ne doute pas que lors de la prochaine révision on aura reconnu qu'il est plus facile à la société d'assurer à tous ses membres les instrumens et moyens de travail que l'assistance, puisque toutes les dépenses faites avec intelligence et bonne organisation pour assurer du travail seront productives et fécondes pour la société, tandis que les dépenses pour procurer assistance aux valides, sans travail, sont improductives et ruineuses.

Je sais bien aussi qu'il y a loin de l'adoption d'un principe à sa complète réalisation ; que, quoique la République ait adopté les principes de *Liberté*, *Egalité*, *Fraternité*, il faudra bien du temps pour en développer toutes les conséquences ; oui, il faut du temps et de la patience. Le laboureur cultive son champ, il sème son grain, puis il attend avec patience que le temps ait fait germer, fructifier et mûrir la récolte; mais encore si l'on veut récolter, faut-il d'abord semer.

Puisque nous sommes au temps des semences, examinons donc la qualité du grain, c'est-à-dire la valeur des principes.

D'un côté je trouve le principe du socialisme conforme au précepte divin de la Fraternité, principe de solidarité et d'association entre les hommes, qui entraîne avec lui les idées d'union, d'émulation, de force, de vérité, de justice, d'amour, de dévoûment et de bonheur, principe essentiel à la société, qui ne peut subsister que parce qu'il y est déjà appliqué en partie, principe enfin dont l'éxtension graduelle et pacifique, loin de tendre au renversement de cette société, tend à la compléter, à la perfectionner, à la consolider.

D'un autre côté, je trouve le principe des anti-socialistes, principe d'isolement, d'égoïsme, de morcellement et de faiblesse, principe qui présente à l'esprit les idées de divisions, de jalousies, de mensonges, de luttes, d'oppression et de malheur, et il me semble que c'est vraiment celui-ci qui tend à miner et renverser la société.

Maintenant, si nous en venons à la question de temps dont nous avons parlé tout-à-l'heure, il est évident que dans les conceptions socialistes il y en a qui peuvent plutôt s'appliquer *au présent*, d'autres seulement *à l'avenir*.

Par exemple, on peut espérer voir *prochainement* l'opinion publique adopter et l'Assemblée décréter l'instruction gratuite, l'institution de secours multipliés contre les maladies et les infirmités, contre les chômages, les assurances par l'Etat contre les incendies et autres sinistres, ainsi que pour le service militaire, la centralisation et l'exploitation par l'Etat des grandes voies de communication, telles que chemins de fer, canaux, etc., etc., le tout en vue de l'intérêt général, préféré à tous les intérêts particuliers, voir le producteur, le consommateur et le commerçant loyal dégrevés par des institutions de banques, agences et comptoirs nationaux, des contributions que prélèvent sur eux tous les spéculateurs, joueurs, agioteurs, etc., etc., et surtout une forte impulsion donnée aux travaux par les encouragemens de l'État et par le crédit mis à la portée des agriculteurs, des commerçans, des ouvriers, au moyen de la modification du système hypothécaire si ruineux pour la nation et de la création d'une banque nationale, favorisant la multiplication et la circulation des capitaux, la modération du taux de l'intérêt et l'augmentation des voies et moyens de production et de consommation. Toutes ces mesures, paraissant immédiatement possibles, découleraient du principe de solidarité et d'association.

Pour l'avenir, l'extension graduelle et pacifique du même principe nous fait entrevoir de bien plus grandes espérances. Nous croyons qu'un jour viendra où chaque enfant recevra, sous les yeux de sa famille et dans la commune, c'est-à-dire dans l'établissement sociétaire qu'elle habitera, une éducation pleine d'attraits et d'émulation, avec de nombreux condisciples, qui fera éclore toutes les vocations et aptitudes spécifiques qu'il aura reçues du Créateur, soit pour l'agriculture, soit pour l'industrie, soit pour les sciences, les lettres, ou les beaux arts, développera pleinement toutes ses facultés physiques, morales et intellectuelles et rapidement sa force et sa santé, où il pourra ensuite trouver facilement et choisir un ou plusieurs emplois en rapport avec ses goûts, penchans et talens naturels ainsi développés, et où chaque citoyen, n'étant plus exposé à manquer de travail ni forcé par le besoin à un travail excessif, arrivera facilement au bien-être et même à des jouissances intellectuelles, artistiques et matérielles qui sont à peine aujourd'hui le privilége de quelques-uns.

Où ceci pourrait-il se réaliser ?

Dans une vaste association agricole et industrielle, fondée par actions pour le capital, et dans laquelle les travailleurs seraient intéressés aux bénéfices.

Ces bénéfices seraient répartis *proportionnellement au capital, au travail et au talent*. Ils ne s'entendraient que du boni après les dépenses d'intérêt général, y compris celles d'éducation, secours, etc., et après prélèvement d'un *minimum* assuré à chaque travailleur comme ressource alimentaire indispensable; ils seraient constatés par des inventaires annuels, au moyen d'une comptabilité exacte et régulière, et la répartition s'en ferait dans la proportion qui serait reconnue juste ou aurait été fixée à l'avance entre les actionnaires ou capitalistes d'une part, et d'autre part entre les travailleurs, en suivant les divisions et subdivisions qui seraient établies entre les corporations, compagnies, groupes, etc., et ensuite en considérant le temps fourni par chaque individu (d'après le registre des absences et présences aux séances), et enfin l'emploi ou les emplois qu'il aurait remplis d'après son talent, ce qui n'exclurait point l'exception ou rétribution séparée pour les productions intellectuelles ou mécaniques fournies hors rang ou à part. Ainsi chaque *travailleur*, au lieu d'être mercenaire, serait associé et, par sa participation aux bénéfices, pourrait facilement devenir *propriétaire* d'actions ou de coupons d'actions, et se trouver d'autant plus intéressé à la prospérité de l'établissement et à l'ordre général.

Un tel établissement, loin d'être hostile à la propriété, la rendrait donc accessible à tous les travailleurs, et, loin de détruire la famille, il mettrait tous les travailleurs à même d'en goûter les jouissances et mettrait les membres de la même famille en position de pouvoir rester bien plus long-temps ensemble, et avec bien moins de causes de division qu'aujourd'hui.

- Dans la grande construction communale d'un tel établissement, les ateliers, magasins et les salles de réunions publiques, pour travaux ou pour fêtes, seraient seuls essentiellement communs, mais chaque famille aurait distinctement son foyer domestique et son logement particulier, toujours salubre et plus ou moins somptueux, suivant le loyer qu'elle voudrait payer; de même, chacun pourrait se procurer, au comptoir communal, toutes les choses utiles à l'existence et au bien-être, à des prix fixes, excessivement modérés, puisqu'ils seraient des prix de revient.

C'est là que la consommation et la production ne seraient plus paralysées comme aujourd'hui, mais prendraient des proportions qu'il est maintenant impossible de concevoir.

D'un côté la production serait augmentée par les forces incul-

culables de l'association et stimulée par les luttes d'ambition,
d'amour-propre et d'intérêts, non plus opposés, mais convergens,
qui s'établiraient, entre les individus et entre les groupes con-
trastés, par l'intérêt que chacun aurait à la fois particulièrement
au succès de son groupe et généralement au succès de l'établissement, par l'attrait que présenteraient les travaux accomplis dans
les conditions les plus agréables que l'on pourrait obtenir pour
les travailleurs, avec cette facilité, donnée à tout membre
de la colonie, homme, femme ou enfant, de varier ses occupa-
tions manuelles ou intellectuelles suivant ses goûts et ses aptitudes spéciales, en s'engageant librement et volontairement, et
seulement pour le temps qu'il voudrait, dans les groupes, compagnies et corporations qui lui conviendraient, vers lesquels le
porteraient aussi ses liaisons d'amitié et de famille ou la considération du plus ou moins des rétributions qui y seraient attachées.

D'un autre côté la consommation serait proportionnée à la production; car, plus il y aurait de produits, plus il y aurait de bénéfices, et les travailleurs, n'étant plus soumis à un salaire restreint,
mais prenant part à ces bénéfices, pourraient consommer en proportion.

Dans ces établissemens on ne verrait point, comme aujourd'hui
dans les contrées manufactières, des magasins encombrés au mi-
lieu de populations dans le dénuement; on ne craindrait plus le
chômage ni la concurrence funeste des machines : toute invention de machine serait un bienfait, et on aurait résolu ce problème:

ASSURER A CHACUN L'ÉDUCATION, LE TRAVAIL, LE BIEN-
ÊTRE.

Et on voit que par ces mots, *l'éducation*, nous l'entendons intégrale, complète et développant toutes les aptitudes intellectuelles,
artistiques ou mécaniques; *le travail*, nous l'entendons agréable,
attrayant et non plus excessif; *le bien-être*, nous l'entendons bien
supérieur à celui même que les privilégiés de la fortune peuvent
seuls aujourd'hui assurer à leurs enfans.

Et, en effet, au point de vue général, lorsqu'ainsi l'ignorance et
la misère auraient disparu, lorsque toutes les forces, toutes les
connaissances, toutes les volontés, toutes les énergies des co-
associés pourraient converger avec loyauté vers un but d'intérêt

commun, stimulées par l'esprit fécondant d'émulation, au lieu de se combattre, de s'user et de s'annihiler dans des luttes perfides d'intérêts opposés et de concurrences déloyales et anarchiques, qui peut calculer quel serait alors le développement des arts, des sciences, de l'industrie et de tous les moyens de perfectionnement et de bonheur de l'humanité?

Si on se récrie sur la difficulté d'organiser une telle association, nous vous répondrons : « Oui, c'est difficile; car il a fallu un « homme de génie pour en découvrir le plan sériaire, conforme « aux lois de la nature, de manière à y voir conciliés l'ordre avec « la liberté, la hiérarchie avec l'égalité, le contraste et l'émula- « tion avec l'harmonie et la fraternité, et l'action collective avec « la complète indépendance individuelle, et il faudra beau- « coup d'argent pour l'essayer, d'autant plus que, quelque excel- « lente que soit une invention, l'essai en est toujours plus coûteux « que productif; il ne se pourra donc réaliser qu'avec des sous- « criptions philanthropiques ou des encouragemens de l'Etat « comme on a fait pour les premières colonies agricoles. »

Mais quand ce premier essai fonctionnera, ce sera un modèle pour d'autres, et, comme toute association multiplie les produits et diminue les déperditions, les capitalistes ou actionnaires, sûrs de trouver un produit avantageux, ne manqueront pas, à plus forte raison les travailleurs, car ils y trouveront profit et bonheur. Tout se fera donc librement et volontairement. Supposons qu'il y ait d'abord deux imitations, puis quatre, puis dix, cent, etc., et ainsi, graduellement et pacifiquement, on arrivera non pas au renversement de la société, mais à son perfectionnement, ce qui est positivement tout l'opposé.

En supposant que ces idées, ne pouvant se réaliser que graduel- lement, ne doivent profiter qu'aux generations à venir; toujours est-il que quand on veut examiner si l'on est dans le bon chemin, il faut connaître toute la route et tâcher de voir loin devant soi et ne pas regarder seulement à ses pieds.

Qu'y a-t-il dans ces idées qui doive provoquer la haine ou des injures? Pourquoi ne pas les examiner et les discuter avec bien- veillance? Et, pour ceux qui les croient justes et tendant au bon- heur de l'humanité, n'est-ce pas leur devoir d'homme de les propager et leur devoir de citoyen d'appuyer au moment des élections parlementaires les candidats qui les soutiennent.

C'est ce que j'ai fait ; c'est pour cela que j'ai été révoqué ; je m'en console par cette maxime : *Fais ce que dois, advienne que pourra.*